MANIFESTE

DU PEUPLE FRANÇAIS,

CONTRE LES RÉGICIDES,

LEURS ADHÉRENS ET LEURS COMPLICES.

Depuis vingt-cinq ans la France est en proie à tous les malheurs qu'entraînent les discordes civiles. Une poignée de misérables, qu'un Roi trop généreux arracha à leur obscurité pour les associer en quelque sorte à sa puissance, ont tour à tour fait la honte et le désespoir de notre belle patrie. Les mêmes hommes qui abolirent tous les priviléges, qui firent peser le niveau régulateur sur toutes les classes de la société; qui conseillèrent, dirigèrent ou exécutèrent les journées désastreuses du 14 juillet et des 5 et 6 octobre; qui, à force de vexations, déterminèrent leur maître à fuir le palais de ses pères pour aller hors des limites de son empire chercher un refuge contre les coups des assassins : ces mêmes hommes qui discutèrent la constitution de 1790, qui s'appliquèrent depuis à humilier chaque jour davantage l'autorité souveraine ; qui prononcèrent la déchéance de leur Roi ; qui le plongèrent vivant dans les cachots du Temple ; qui votèrent sa mort, et qui ne rougirent pas de conduire cette auguste victime à l'échafaud : ces hommes qui frappèrent de leur poignard homicide une Reine, l'orgueil de son sexe ; une princesse, l'heureux modèle de toutes les vertus ; un enfant-Roi qui avait été long-temps l'espoir et l'idole de la France : ces mêmes hommes qui, après avoir courbé la tête devant Mirabeau, vendirent le pouvoir suprême à Marat, à Robespierre, à Danton, à St-Just, à Barrère et à Tallien : ces mêmes hommes qui promenèrent dans nos cités une faulx ensanglantée ; qui commandèrent les noyades de Nantes, les fusillades de Lyon, les massacres de septembre, l'égorgement du 13 vendémiaire : ces législateurs qui décrétèrent que l'argent était une marchandise, que le divorce était une loi morale, que la loi des suspects était un coup d'état nécessaire ; qui firent et refirent les constitutions ; qui appelèrent dans nos murs Buonaparte ; qui l'élevèrent successivement au consulat et au trône ; qui applaudirent à sa tyrannie ; qui ordonnèrent la décimation de nos enfans ; qui disputèrent de bassesse avec les plus vils esclaves, qui mendièrent les titres, les dignités, les cordons, et déguisèrent sous des noms empruntés les noms que la partie saine de la nation avait proscrits, que l'Europe attentive retenait avec peine, et que les échos du noir Tartare ne répétaient jamais qu'avec horreur ;_

Ces mêmes hommes qui, couverts d'or, assis sur le brocart, environnés d'une multitude de valets, ont insulté si long-temps à la misère publique ; ces vils sénateurs qui se sont dégradés jusqu'à diviniser le tyran qui les avait attachés à son char de triomphe ; qui, les mains toutes teintes encore du sang qu'ils ont versé dans leurs proconsulats, ont mis, dans l'espace de treize années, cinq millions de Français à la disposition de l'ogre qui, pour le malheur du monde, échappa aux poignards de *Cerachi*, d'*Arena* et de *Topino-Lebrun*, veulent encore dominer. Ce sont eux qui sont allés au-devant des ordres qu'ils devaient tout au moins attendre. Ce sont eux qui ont formé une langue nouvelle, où les défaites ont pris le nom de victoires et de triomphes ; où la barbarie a pris le nom d'humanité ; où la démence a pris le nom de sagesse ; où la fureur dévastatrice a pris le nom de modération.

Ce sont eux qui ont qualifié de grand l'assassin du duc d'Enghien, le persécuteur de Moreau, et le strangulateur de Pichegru. Ce sont eux qui, par des discours perfides, ont préparé la dépopulation de la France, la ruine des familles, le renversement des autels, l'incarcération de nos prêtres, l'usurpation des Espagnes, de la Hollande, de l'Allemagne et des pays latins.

Ce sont eux qui ont accaparé tous les trésors, et qui naguère, revêtus du titre fastueux de commissaires extraordinaires, ont soufflé dans tous les cœurs la rage qui les dévorait. Ils ont prêché le meurtre, l'assassinat, le pillage et l'incendie ; ils ont promis des récompenses à ceux qui se seraient montrés les plus habiles à verser du sang. Ce sont eux qui ont outragé les souverains qui s'armaient pour la cause de notre indépendance ; ils ont osé les signaler comme des barbares ; ils ont formé des vœux pour que la France, qu'ils voulaient affranchir, devînt le tombeau de leurs légions victorieuses ; ils ont enlevé, dans le court espace de dix mois, quatorze cent mille hommes à leurs familles ; ils ont arraché le fils des mains d'une mère infirme, l'époux des mains d'une épouse en proie aux douleurs de l'enfantement, le père à des enfans abandonnés désormais à toutes les horreurs de la faim...... Les barbares ! eh ! ils voudraient aujourd'hui s'asseoir à côté de leur Roi ; eh ! ils voudraient balancer sa puissance; ils voudraient, ces vils plébéïens, faire passer à leur postérité des titres héréditaires avec cent millions de terres domaniales. Eh! de quel œil pourraient-ils envisager la face auguste du frère de Louis XVI? Malheureux! ils devraient implorer la clémence de leur Roi, et ils poussent l'audace jusqu'à lui dicter des conditions! Ils devraient effacer par leurs larmes les pages de l'histoire où leurs noms flétris sont imprimés en caractères de sang; ils devraient par leur repentir inspirer aux hommes cette commisération, dernier sentiment qui suit quelquefois la mémoire des grands coupables, au lieu de prétendre à l'honneur d'illustrer par une noblesse usurpée leur obscure et basse origine. Mais par qui donc ont-ils été annoblis, ces Licurgues à l'âme vénale? Par Buonaparte? on sait que lui-même était le fils d'un huissier d'Ajaccio. Par Louis XVIII? on sait qu'ils ne veulent rien devoir à la générosité de cet auguste Monarque. Ils ne l'appellent au trône, ces misérables, que sous la condition qu'ils conserveront des titres qui ont été le prix de leurs crimes. Ils ignorent donc que la noblesse, chez un citoyen, annonce une vertu connue, une réputation sans tache, un dévouement sans bornes à l'intérêt national, un désintéressement absolu et une disposition permanente pour sacrifier sa vie et son bonheur à la gloire de son prince. Eux nobles! mais qu'ils se rappellent donc la nuit du 4 août 1789 ; qu'ils se rappellent leur morgue, leur insolence plébéienne ; qu'ils relisent les vociférations qu'ils ont fait entendre dans la tribune aux harangues contre ce qu'ils appelaient les hochets de la tyrannie ; qu'ils recherchent dans l'histoire, qui dans le silence a recueilli les différentes opinions qu'ils ont émises, s'ils peuvent aujourd'hui avec quelque pudeur s'entendre qualifier de *comtes* , de *barons* et de *marquis*. Eux nobles ! ils ne le seront jamais ; leurs enfans ne le seront pas, même après dix siècles, lorsque le temps aura jeté un voile épais sur les fureurs dont se rendirent coupables leurs pères. Une eau fétide à sa source, conserve un goût saumâtre qu'elle ne perd jamais, et qu'elle communique à tous les ruisseaux étrangers qui viennent se confondre avec elle.

Eh ! de quel droit font-ils aujourd'hui des constitutions ? Quelle mission ont-ils reçue ? De qui la tiennent-ils ? Sont-ils les représentans de la nation ? Non, sans doute, ils ont pour toujours perdu sa confiance ; ils ne peuvent rien ; ils ne sauraient sur-tout, ces misérables, être les interprètes de nos vœux envers l'auguste maison des Bourbons ; exprimées par eux, nos acclamations sont souillées ; la couronne de saint Louis est flétrie en passant par leurs mains ; les lys dont ils ont paré leur tête ont pris une couleur sangui-nolente, effet miraculeux qu'a produit leur haleine mortifère.

Non, ils ne sont point les représentans du peuple français ; nous ne voyons en eux que les complices de Robespierre et de Buonaparte. Vingt-cinq millions d'hommes se jettent dans les bras de Louis XVIII ;

ils le rétablissent dans la plénitude des droits de ses ancêtres ; ils proscrivent le sénat qui, pendant dix ans, se montra plus tranquillement féroce encore que le tigre qui avait usurpé le trône. Les Français ne veulent pas d'un Roi constitutionnel ; ils ne veulent pas d'une constitution, ouvrage dangereux des Syeyes, des Garat, des Grégoire, des Lebrun, des Cambacérès, des Fouché, des Réal, des Merlin, des Boulai de la Meurthe, etc. etc. etc. etc.

Ils savent trop quel respect ces caméléons portent aux actes qui émanent de leur haute sagesse. Et s'ils pouvaient oublier le passé, ne serait-il pas facile de prouver que depuis le six avril toutes les nouvelles dispositions de la charte constitutionnelle qu'ils présentent à l'acceptation du Roi ont été violées ?

Ils décrétèrent la liberté de la presse, et la plus odieuse inquisition a succédé à l'inquisition établie sous le règne de l'usurpateur.

Ils protégent la liberté individuelle, et de nouveaux prisonniers ont fait place aux malheureux dont ils ont fait ouvrir le cachot.

Ils annoncent que la tyrannie n'existe plus en France ; que la chute de l'usurpateur doit rendre tout un peuple au bonheur, et par-tout les suppôts, les vils agens des crimes de Buonaparte sont dépositaires de l'autorité ; les Laborde, les Hullin, les Verra, les Demarest, les Jay, les Savary, présentent leur face hideuse ; ils sont admis chez les ministres ; ils sont encore les arbitres de la faveur.

Ils disent que les Français vont jouir de leurs droits, et ils proclament que le pouvoir judiciaire est indépendant du pouvoir exécutif, tandis que la justice était jadis la première des attributions et le premier devoir de l'autorité souveraine ; ils disent que le bonheur va renaître, et de coupables magistrats siégent encore à la même place où ils firent un trafic de leur conscience. Paris voit encore un banqueroutier à la tête de la Cour de cassation ; il voit l'auteur de la loi des suspects, environné de deux ou trois régicides, décider chaque jour de la vie et de la mort des citoyens ; il voit siéger à côté de quelques hommes respectables le secrétaire du comité de la police générale sous Robespierre, le monstre qui monta sur l'échafaud de Louis XVI pour y rédiger le procès-verbal de ce mémorable assassinat, l'espion de police qui naguère rédigeait dans les journaux des articles incendiaires, le capitaine de dragons qui tranche avec son épée toutes les difficultés que présente la législation, le maître d'école, dont la parole emmiellée vomit tranquillement le fiel qui doit ternir pour jamais la réputation du malheureux que son injustice a ruiné, l'ami intime enfin de l'exécuteur de la haute justice.

Tous les droits, disent-ils, doivent être garantis ; et dans les provinces les agens du fisc dévorent encore la substance du peuple ; les administrateurs multiplient les réquisitions vexatoires, et les juges dépouillent impunément la veuve et l'orphelin, certains qu'ils sont d'être nommés à vie, de conserver leurs titres, leurs pensions et leurs dignités.

Eh ! pourquoi, lorsque la France est épuisée, lorsque les arts, le commerce et l'industrie ont fui notre malheureux pays, lorsque toutes les branches de la prospérité publique sont taries, pourquoi tous les emplois ne seraient-ils pas exercés gratuitement ? Pendant le règne de l'anarchie, les égoïstes songent à leurs fortunes particulières ; sous un usurpateur on devient plus avide encore ; sous un Roi légitime et juste, l'honneur consiste à se montrer désintéressé. Un sénat, si toutefois cette institution, inconnue sous l'ancienne monarchie, était devenue absolument nécessaire, doit être composé d'hommes vertueux et purs. Le corps des représentans de la nation doit être composé de chefs de famille qui connaissent à fond le besoin des provinces ; et pour mettre leurs élections à l'abri de l'intrigue, ils doivent n'avoir à espèrer aucune sorte d'émolumens. Pour ce qui regarde les magistrats, le seul honneur d'être appelés à juger leurs semblables, doit leur suffire. Ainsi, le luxe qui appauvrit les états, sera banni des provinces; ainsi, sous la sage administration d'un *Roi tout - puissant pour faire le bien*, la France recouvrera ses anciennes mœurs et son ancienne gloire.

Qu'est - il besoin de fournir à quelques centaines de factieux, saisis de l'autorité par la plus odieuse usurpation, les moyens de s'élever au-dessus de la portion la plus pure du peuple ? Laissons aux grandes familles, qui ont vieilli avec l'arbre de notre monarchie, le droit de réfléchir l'éclat du diadême. Proscrivons à jamais ces hommes qui voulant s'arroger tous les droits, se refusent à attendre les récompenses qui pourraient leur être dues, de la munificence du souverain.

O France, ô ma patrie, ô mon Roi ! quel sera donc notre avenir ? Toujours des traces du jacobinisme ! Eh quoi ! il n'existe donc pas de colonies à peupler ? l'île d'Elbe est - elle donc si étroite qu'elle ne puisse contenir ces restes impurs des factieux qui ont désolé la France ? Les princes alliés ne peuvent-ils donc consulter les intérêts d'un peuple bon et généreux qui brûle de revoir son Roi environné d'hommes purs et vertueux ? Si Louis XVIII accepte la constitution du 6 avril, tout est à craindre pour ce monarque infortuné ; ils l'assassineront aussi les misérables !!!! Les révolutions sont pour eux un besoin périodique.

Mais en supposant que le fils de Henri IV se détermine à jurer de maintenir cet acte atroce que l'intérêt personnel de quelques hommes a dicté, comment le peuple français y donnera-t-il son adhésion ? Quel mode emploira-t-on pour recueillir les votes ? En quel nombre faudra-t-il qu'ils soient pour emporter consentement ? En quel lieu, à quel jour enfin le peuple français sera-t-il admis à manifester ses opinions ? Régicides, tremblez tous, ce jour sera celui de la vengeance......